Impressum
Verlag: BABADADA GmbH, Nedderfeld 112 , 22529 Hamburg
Geschäftsführer / Verlagsleitung: Harald Hof
Druck: Books on Demand GmbH, In de Tarpen 42, 22848 Norderstedt

Imprint
Publisher: BABADADA GmbH, Nedderfeld 112 , 22529 Hamburg, Germany
Managing Director / Publishing direction: Harald Hof
Print: Books on Demand GmbH, In de Tarpen 42, 22848 Norderstedt, Germany

skola

xue xiao

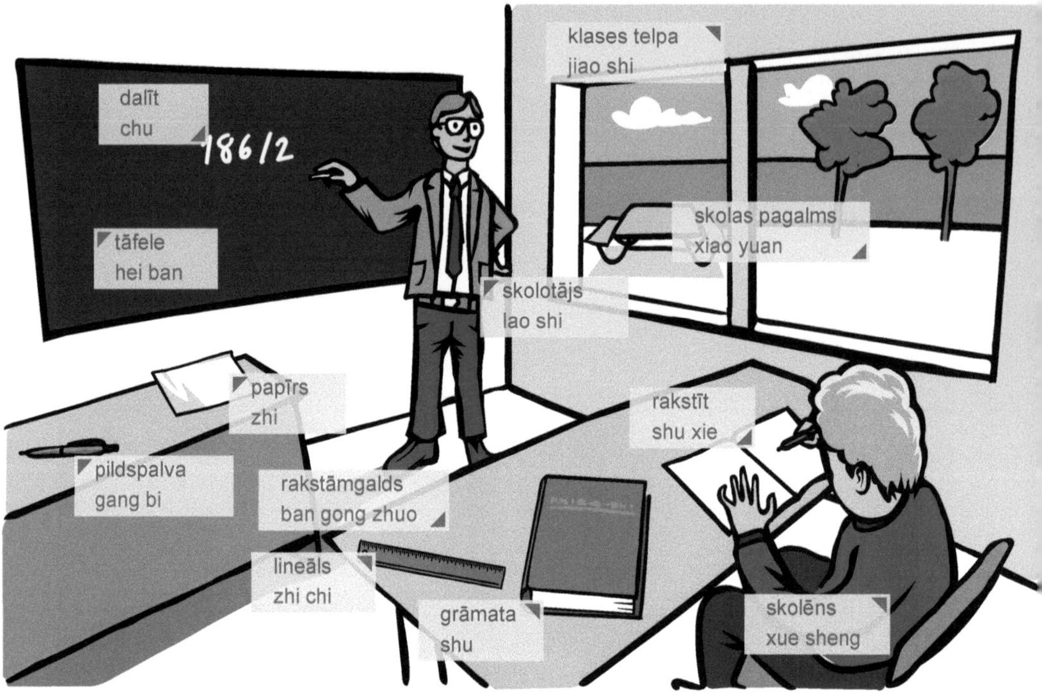
klases telpa
jiao shi
dalīt
chu
186/2
tāfele
hei ban
skolas pagalms
xiao yuan
skolotājs
lao shi
papīrs
zhi
rakstīt
shu xie
pildspalva
gang bi
rakstāmgalds
ban gong zhuo
lineāls
zhi chi
grāmata
shu
skolēns
xue sheng

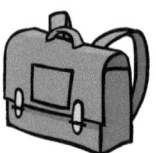

skolas soma

shu bao

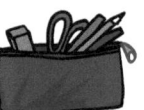

penālis

qian bi he

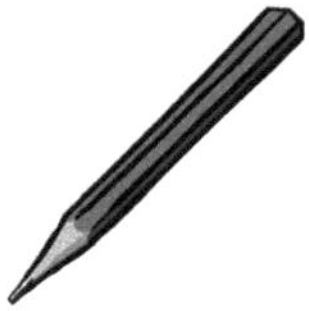

zīmulis

qian bi

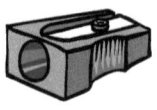

zīmuļu asināmais

juan bi dao

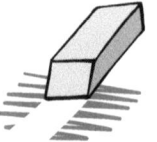

dzēšgumija

xiang pi ca

zīmēšanas bloks

hua ban

zīmējums

tu hua

ota

hua bi

krāsas

yan liao he

šķēres

jian dao

līme

jiao shui

darba burtnīca

lian xi ce

mājas darbs

jia ting zuo ye

skaitlis

shu zi

saskaitīt

jia

atņemt

jian

reizināt

cheng

rēķināt

ji suan

burts

zi mu

alfabēts

zi mu biao

vārds

zi

teksts

ke wen

lasīt

du

krīts

fen bi

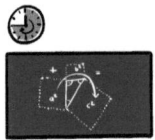

mācību stunda

shang ke

žurnāls

deng ji

eksāmens

kao shi

liecība

zheng shu

skolas forma

xiao fu

izglītība

jiao yu

enciklopēdija

bai ke quan shu

universitāte

da xue

mikroskops

xian wei jing

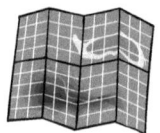

karte

di tu

papīrgrozs

fei zhi kuang

ceļojums
lü xing

viesnīca
jiu dian
Grand
hostelis
qing nian lü xing she
CHANGE
valūtas maiņas punkts
wai bi dui huan chu
čemodāns
shou ti xiang
automašīna
qi che

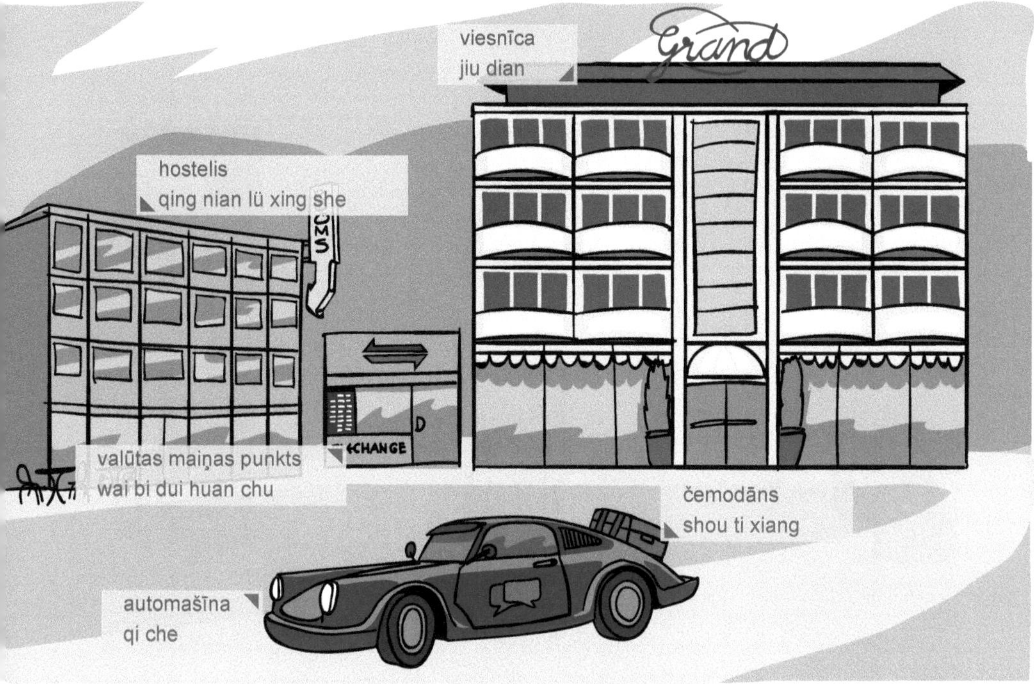

Valoda

yu yan

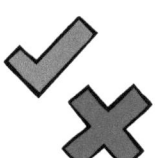

jā / nē

shi/fou

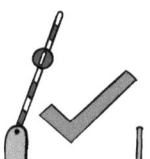

Okay

hao de

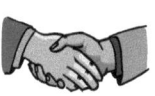

Sveiki!

nin hao

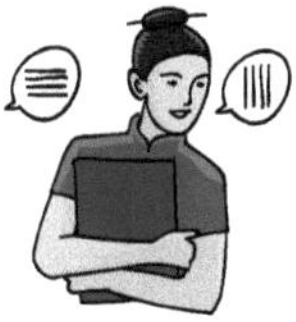

tulks

fan yi yuan

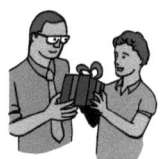

paldies

xie xie

Cik maksā...?

......duo shao qian?

Es nesaprotu

wo bu ming bai

problēma

wen ti

Labvakar!

wan shang hao!

Labrīt!

zao shang hao!

Ar labu nakti!

wan an!

Uz redzēšanos

zai jian

virziens

fang xiang

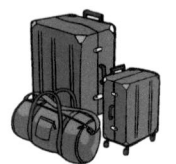

bagāža

xing li

soma

bao

mugursoma

shuang jian bao

viesis

ke ren

istaba

fang jian

guļammaiss

shui dai

telts

zhang peng

tūrisma informācija

lü you xin xi

pludmale

hai tan

kredītkarte

xin yong ka

brokastis

zao can

pusdienas

wu can

vakariņas

wan can

biļete

piao

lifts

dian ti

pastmarka

you piao

robeža

bian jie

muita

hai guan

vēstniecība

da shi guan

vīza

qian zheng

pase

hu zhao

transports

jiao tong yun shu

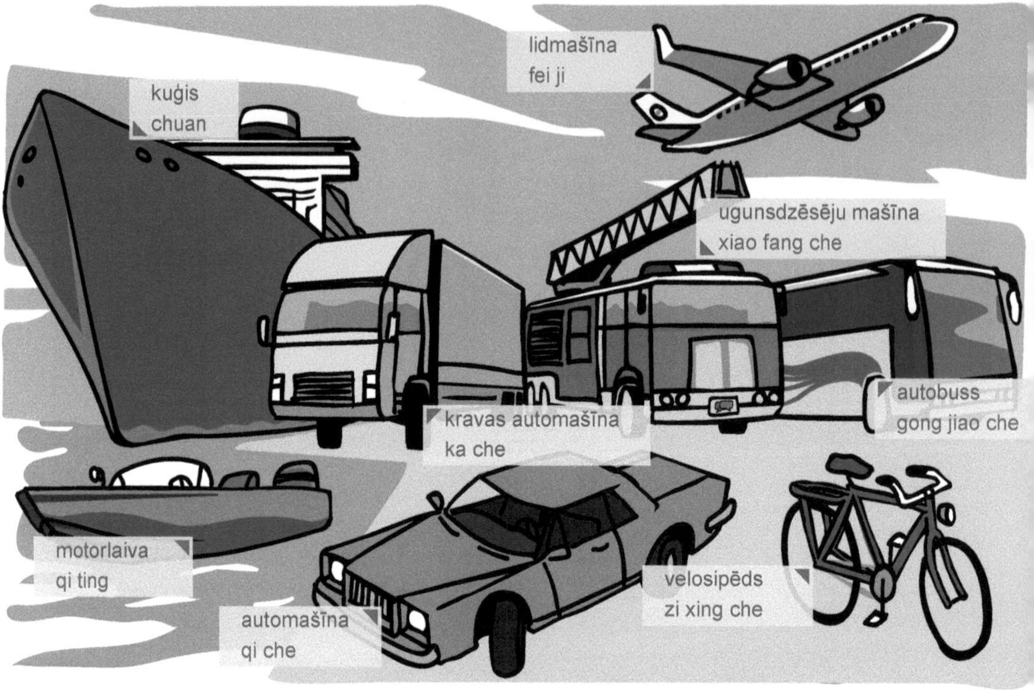
kuģis
chuan
lidmašīna
fei ji
ugunsdzēsēju mašīna
xiao fang che
autobuss
gong jiao che
kravas automašīna
ka che
motorlaiva
qi ting
velosipēds
zi xing che
automašīna
qi che

prāmis

bai du chuan

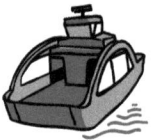

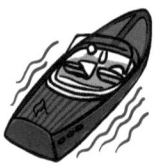

laiva

xiao chuan

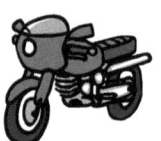

motocikls

mo tuo che

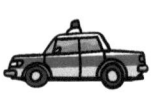

policijas automašīna

jing che

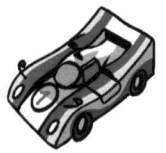

sacīkšu automobilis

sai che

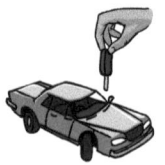

nomas auto

zu che

auto koplietošana

pin che

evakuators

tuo che

atkritumu mašīna

la ji che

dzinējs

fa dong ji

benzīns

qi you

degvielas uzpildes stacija

jia you zhan

ceļa zīme

jiao tong biao zhi

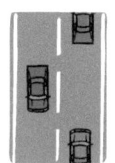

satiksme

jiao tong

sastrēgums

jiao tong du sai

stāvvieta

ting che chang

dzelzceļa stacija

huo che zhan

sliedes

gui dao

vilciens

huo che

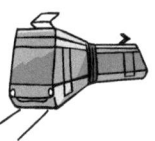

tramvajs

dian che

vagons

huo che

helikopters

zhi sheng ji

lidosta

ji chang

tornis

ta

pasažieris

cheng ke

konteiners

ji zhuang xiang

kaste

zhi ban xiang

ratiņi

shou tui che

grozs

lan zi

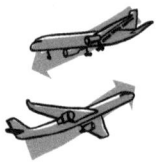

pacelties / nosēsties

qi fei/jiang luo

pilsēta
cheng shi

ciems

cun zhuang

pilsētas centrs

shi zhong xin

māja

fang zi

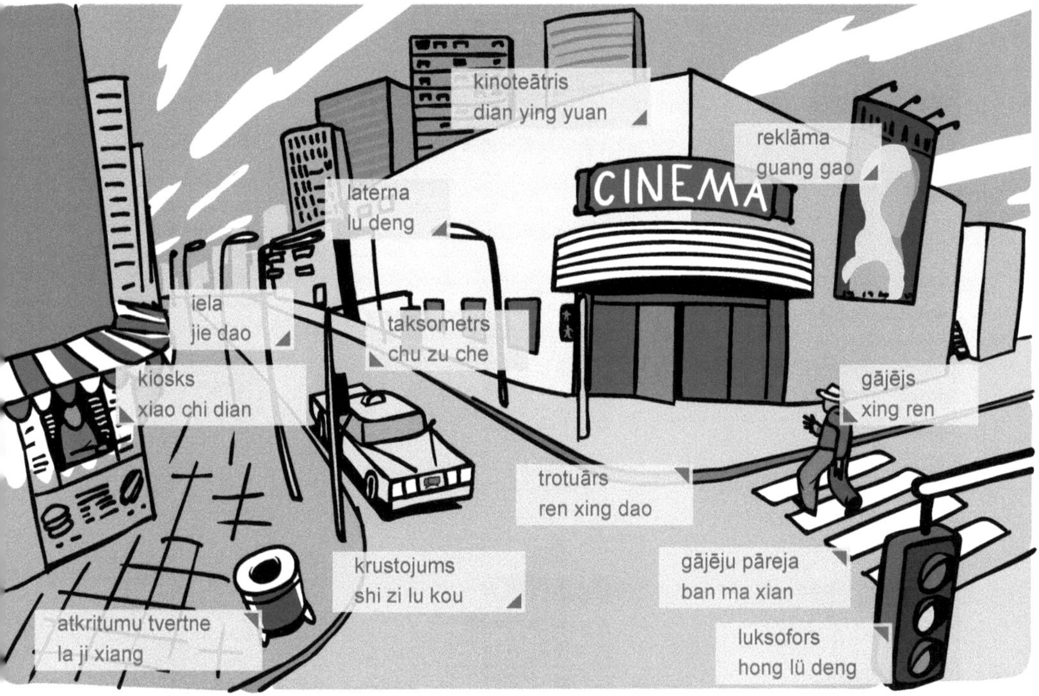

kinoteātris
dian ying yuan

reklāma
guang gao

laterna
lu deng

iela
jie dao

taksometrs
chu zu che

kiosks
xiao chi dian

gājējs
xing ren

CINEMA

trotuārs
ren xing dao

krustojums
shi zi lu kou

gājēju pāreja
ban ma xian

atkritumu tvertne
la ji xiang

luksofors
hong lü deng

būda

xiao wu

dzīvoklis

gong yu

dzelzceļa stacija

huo che zhan

rātsnams

shi zheng ting

muzejs

bo wu guan

skola

xue xiao

universitāte

da xue

banka

yin hang

slimnīca

yi yuan

viesnīca

jiu dian

aptieka

yao fang

birojs

ban gong shi

grāmatnīca

shu dian

veikals

shang dian

ziedu veikals

hua dian

lielveikals

chao shi

tirgus

shi chang

tirdzniecības centrs

bai huo shang dian

zivju tirgotājs

yu dian

tirdzniecības centrs

gou wu zhong xin

osta

hai gang

parks
gong yuan

sols
chang deng

tilts
qiao

kāpnes
lou ti

metro
di tie

tunelis
sui dao

autobusa pieturvieta
gong jiao che zhan

bārs
jiu ba

restorāns
can guan

pastkastīte
you tong

ielas nosaukuma plāksne
lu biao

stāvlaika skaitītājs
ting che ji shi qi

zooloģiskais dārzs
dong wu yuan

peldbaseins
you yong guan

mošeja
qing zhen si

zemnieku saimniecība

nong chang

vides piesārņojums

wu ran

kapsēta

mu di

baznīca

jiao tang

spēļu laukums

cao chang

templis

si miao

ainava

di xing

lapa
shu ye

ceļrādis
zhi shi pai

ceļš
lu

pļava
cao di

akmens
shi tou

koks
shu

ceļotājs
tu bu lü xing zhe

upe
he

zāle
cao

puķe
hua

ieleja

xia gu

kalns

shan

ezers

hu

mežs

sen lin

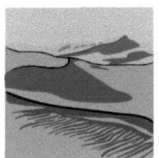

tuksnesis

sha mo

vulkāns

huo shan

pils

cheng bao

varavīksne

cai hong

sēne

mo gu

palma

zong lü shu

moskīts

wen zi

muša

cang ying

skudra

ma yi

bite

mi feng

zirneklis

zhi zhu

vabole

jia chong

varde

qing wa

vāvere

song shu

ezis

ci wei

zaķis

ye tu

pūce

mao tou ying

putns

niao

gulbis

tian e

meža cūka

ye zhu

briedis

lu

alnis

mi lu

aizsprosts

shui ba

vēja ģenerators

feng li fa dian ji

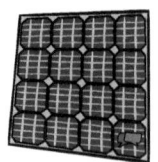

saules baterija

tai yang neng dian chi ban

klimats

qi hou

viesmīlis
fu wu yuan

ēdienkarte
cai dan

krēsls
yi zi

zupa
tang

pica
pi sa bing

galdauts
zhuo bu

galda piederumi
can ju

uzkoda

qian cai

pamatēdiens

zhu cai

deserts

tian dian

dzērieni

yin liao

ēdiens

shi wu

pudele

ping zi

ātrās uzkodas

kuai can

ielu uzkodas

jie bian xiao chi

tējkanna

cha hu

cukurtrauks

tang he

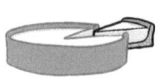

porcija

yi fen fan cai

espresso kafijas automāts

yi shi ka fei ji

bāra krēsls

gao jiao yi

rēķins

zhang dan

paplāte

tuo pan

nazis

dao

dakša

can cha

karote

shao zi

tējkarote

cha chi

salvete

can jin

glāze

bo li bei

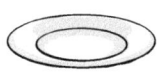

šķīvis

die zi

zupas šķīvis

tang pan

apakštase

die zi

mērce

jiang

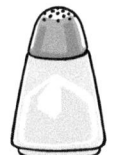

sāls traucĩš

yan ping

piparu dzirnaviņas

hu jiao mo

etiķis

cu

eļļa

shi yong you

garšvielas

tiao wei liao

kečups

fan qie jiang

sinepes

jie mo

majonēze

dan huang jiang

lielveikals
chao shi

piedāvājums
te jia
FOR
klients
gu ke
piena produkti
ru zhi pin
augļi
shui guo
iepirkumu ratiņi
gou wu che

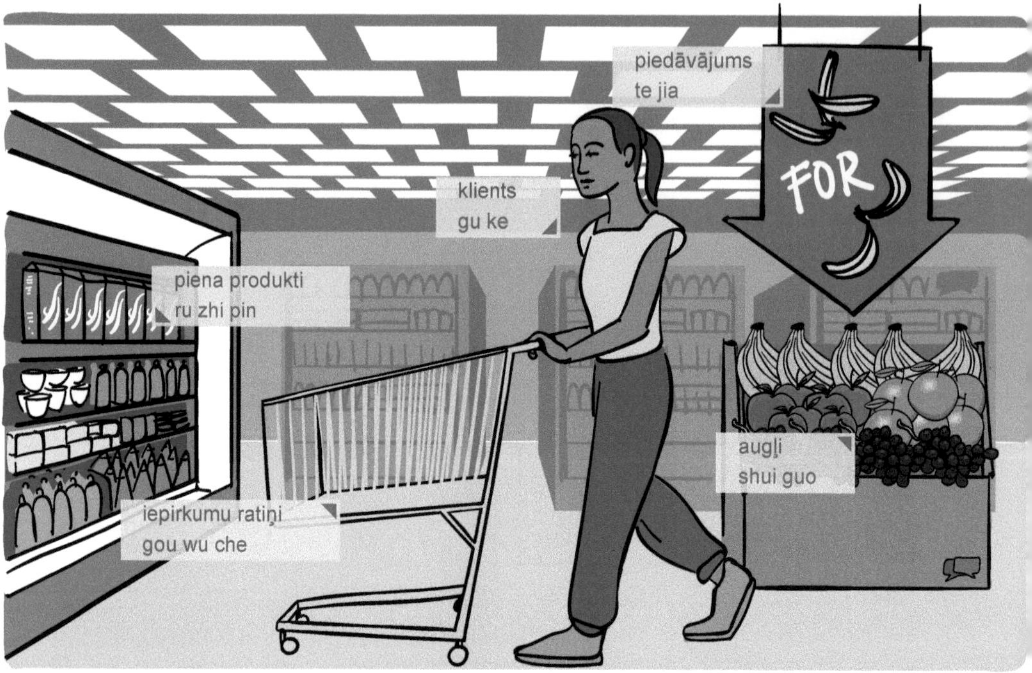

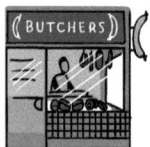

BUTCHERS

kautuve
rou pu

BAKERY

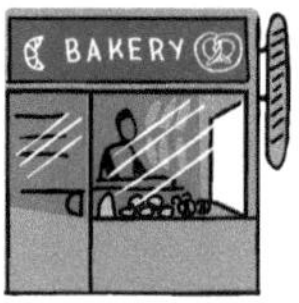

maizes veikals
mian bao fang

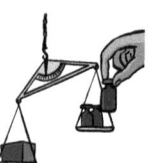

svērt
cheng zhong

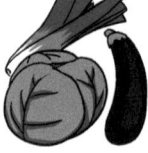

dārzeņi
shu cai

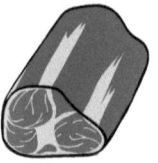

gaļa
rou

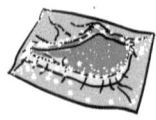

saldēti produkti
leng dong shi pin

aukstās gaļas uzkodas

leng pan

konservi

guan tou shi pin

pulveris

xi yi fen

saldumi

tian shi

mājsaimniecības preces

ri yong pin

tīrīšanas līdzeklis

qing jie yong pin

pārdevēja

xiao shou yuan

kase

shou yin ji

kasieris

shou yin yuan

iepirkumu saraksts

gou wu qing dan

darba laiks

kai fang shi jian

maks

qian bao

kredītkarte

xin yong ka

soma

dai zi

maisiņš

su liao dai

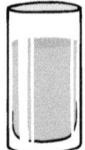

ūdens

shui

sula

guo zhi

piens

niu nai

kola

ke le

vīns

hong jiu

alus

pi jiu

alkohols

jiu

kakao

ke ke

tēja

cha

kafija

ka fei

espresso

yi shi nong suo ka fei

kapučīno

ka bu qi nuo

banāns

xiang jiao

ābols

ping guo

apelsīns

cheng zi

melone

xi gua

citrons

ning meng

burkāns

hu luo bo

ķiploks

da suan

bambuss

zhu zi

sīpols

yang cong

sēne

mo gu

rieksti

jian guo

makaroni

mian tiao

spageti

yi da li mian tiao

rīsi

mi fan

salāti

sha la

frī kartupeļi

shu tiao

cepti kartupeļi

zha tu dou

pica

pi sa bing

hamburgers

han bao bao

sviestmaize

san ming zhi

šnicele

zha zhu pai

šķiņķis

huo tui

salami

sa la mi

desa

xiang chang

vista

ji rou

cepetis

kao rou

zivs

yu

auzu pārslas

yan mai pian

muslis

mu zi li

brokastu pārslas

yu mi pian

milti

mian fen

radziņš

yang jiao mian bao

brokastu maizītes

mian bao juan

maize

mian bao

tostermaize

kao mian bao

cepumi

bing gan

sviests

huang you

biezpiens

ning ru

kūka

dan gao

ola

dan

cepta ola

jian dan

siers

nai lao

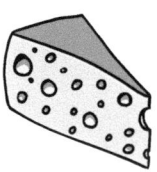

saldējums

bing ji lin

cukurs

tang

medus

feng mi

marmelāde

guo jiang

riekstu krēms

qiao ke li jiang

karijs

ga li fan

zemnieku saimniecība

nong chang

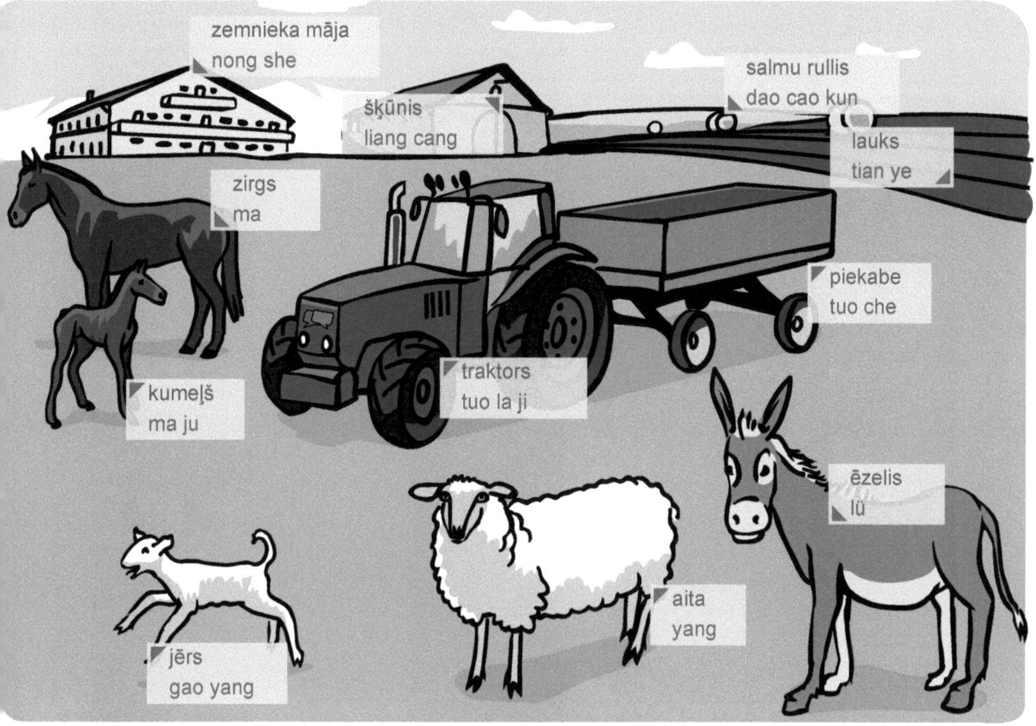

zemnieka māja
nong she
šķūnis
liang cang
salmu rullis
dao cao kun
lauks
tian ye
zirgs
ma
piekabe
tuo che
traktors
tuo la ji
kumeļš
ma ju
ēzelis
lü
aita
yang
jērs
gao yang

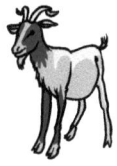

kaza

shan yang

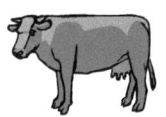

govs

nai niu

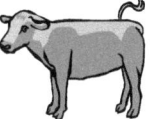

teļš

niu du

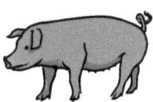

cūka

zhu

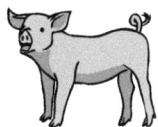

sivēns

xiao zhu

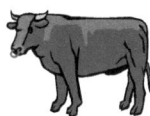

bullis

gong niu

zoss

e

pīle

ya

cālis

xiao ji

vista

mu ji

gailis

gong ji

žurka

shu

kaķis

mao

pele

lao shu

vērsis

niu

suns

gou

suņa būda

gou wu

dārza šļūtene

hua yuan jiao shui ruan guan

lejkanna

sa shui hu

izkapts

chang bing da lian dao

arkls

li

sirpis

lian dao

kaplis

chu tou

mēslu dakša

chang bing cao pa

cirvis

fu tou

ķerra

du lun shou tui che

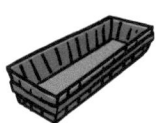

sile

si liao cao

piena kanna

niu nai guan

maiss

ma bu dai

žogs

zha lan

kūts

ma jiu

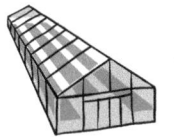

siltumnīca

wen shi

augsne

tu rang

sēklas

zhong zi

mēslojums

fei liao

kombains

lian he shou ge ji

novākt ražu

shou ge

raža

shou ge

jamss

shan yao

kvieši

xiao mai

soja

da dou

kartupelis

tu dou

kukurūza

yu mi

rapsis

you cai zi

augļu koks

guo shu

manioka

shu shu

labība

gu wu

māja
fang zi

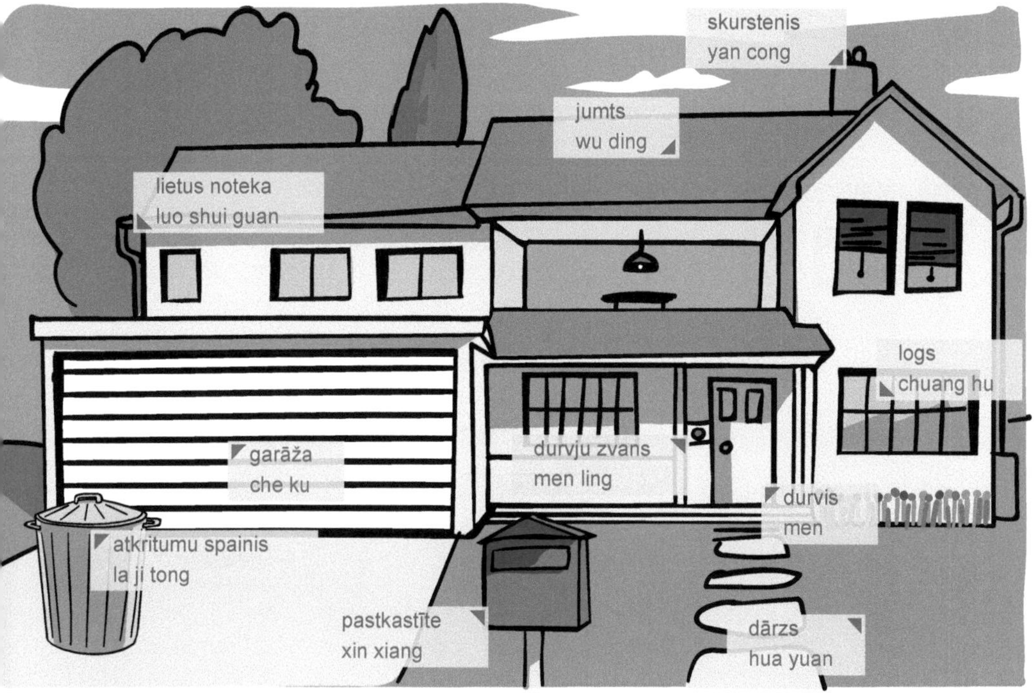

skurstenis
yan cong
jumts
wu ding
lietus noteka
luo shui guan
logs
chuang hu
garāža
che ku
durvju zvans
men ling
durvis
men
atkritumu spainis
la ji tong
pastkastīte
xin xiang
dārzs
hua yuan

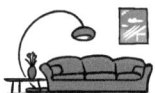

viesistaba

ke ting

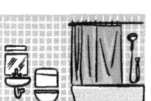

vannas istaba

yu shi

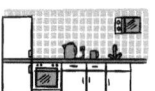

virtuve

chu fang

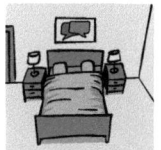

guļamistaba

wo shi

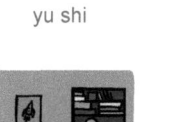

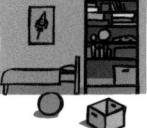

bērnu istaba

er tong fang

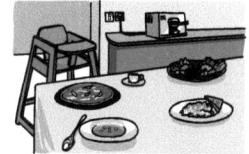

ēdamistaba

can ting

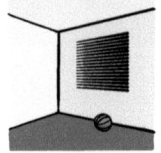

grīda

di ban

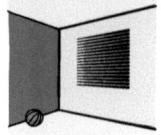

siena

qiang bi

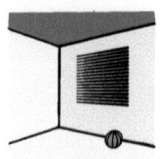

griesti

diao ding

pagrabs

di jiao

sauna

sang na

balkons

yang tai

terase

lu tai

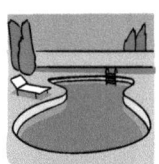

baseins

you yong chi

zāles pļāvējs

ge cao ji

gultas veļa

bei dan

sega

chuang zhao

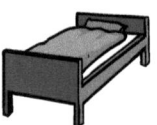

gulta

chuang

slota

sao zhou

spainis

shui tong

slēdzis

kai guan

viesistaba

ke ting

tapetes
bi zhi
attēls
zhao pian
lampa
tai deng
plaukts
ge jia
skapis
chu gui
televizors
dian shi ji
kamīns
bi lu
puķe
hua
spilvens
dian zi
dīvāns
sha fa
vāze
hua ping
tālvadības pults
yao kong qi

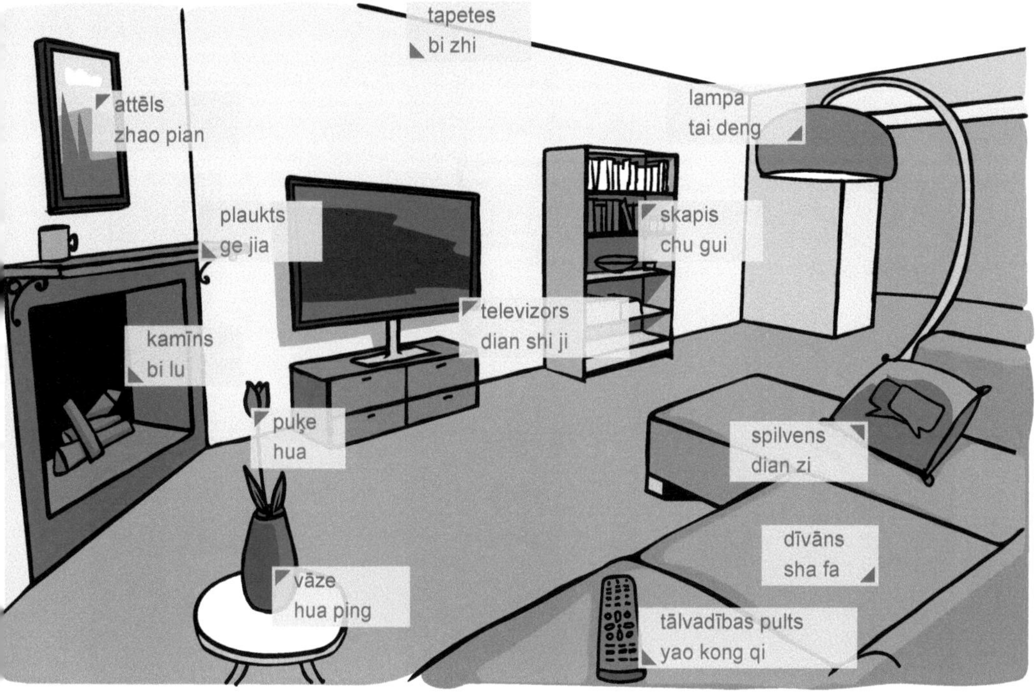

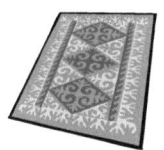

paklājs

di tan

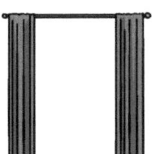

aizkars

chuang lian

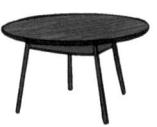

galds

can zhuo

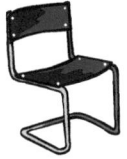

krēsls

yi zi

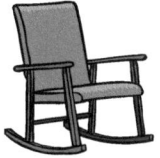

šūpuļkrēsls

yao yi

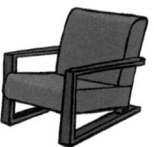

atpūtas krēsls

fu shou yi

grāmata

shu

sega

tan zi

dekorācija

zhuang shi pin

malka

mu chai

filma

dian ying

mūzikas centrs

gao bao zhen yin xiang

atslēga

yao shi

avīze

bao zhi

glezna

you hua

plakāts

hai bao

radio

shou yin ji

pierakstu blociņš

bi ji ben

putekļu sūcējs

xi chen qi

kaktuss

xian ren zhang

svece

la zhu

virtuve
chu fang

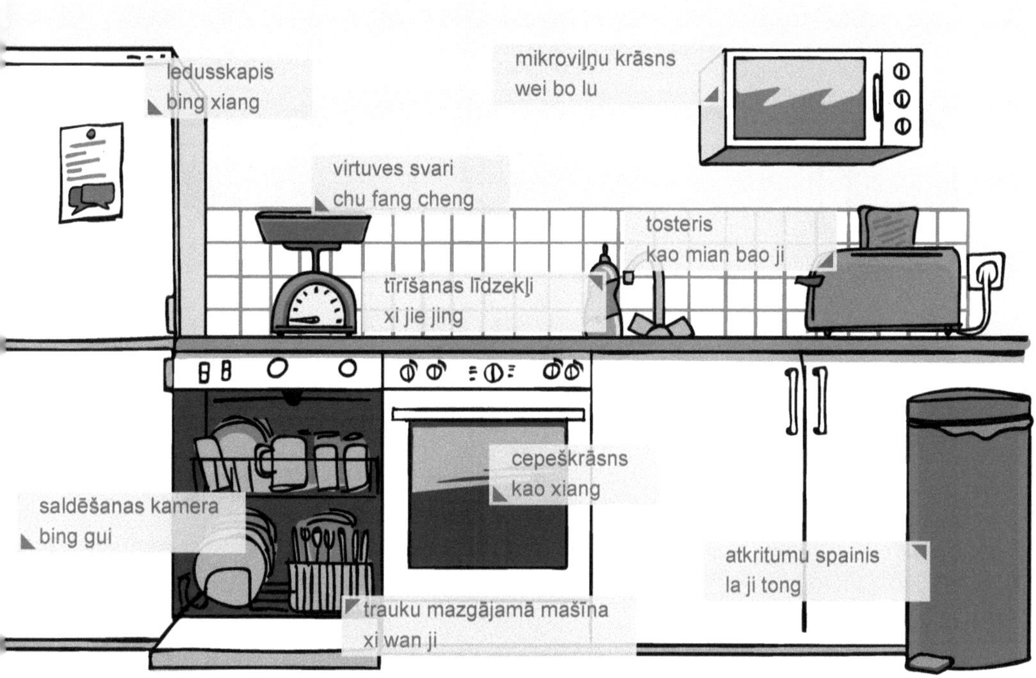
ledusskapis
bing xiang
mikroviļņu krāsns
wei bo lu
virtuves svari
chu fang cheng
tosteris
kao mian bao ji
tīrīšanas līdzekļi
xi jie jing
cepeškrāsns
kao xiang
saldēšanas kamera
bing gui
atkritumu spainis
la ji tong
trauku mazgājamā mašīna
xi wan ji

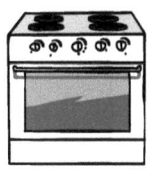

plīts

chui ju

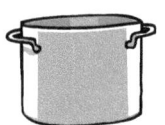

pods

guo

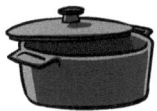

katls

zhu tie guo

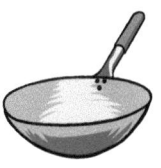

Wok panna

sha guo

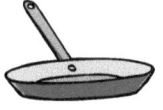

panna

ping di guo

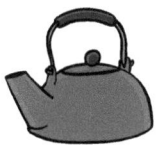

elektriskā tējkanna

shui hu

tvaika katls

zheng guo

cepešpanna

kao pan

trauki

tao ci guo

krūze

ma ke bei

bļoda

wan

irbulīši

kuai zi

kauss

chang bing shao

lāpstiņa

chan zi

putošanas slotiņa

jiao ban qi

sietiņš

lü wang

siets

shai zi

rīve

mo sui ji

piesta

yan bo

grilēt

shao kao

atklāts pavards

ming huo

dēlis

cai ban

mīklas rullis

gan mian zhang

korķu vilķis

kai ping qi

bundža

guan zi

konservu nazis

kai ping qi

virtuves cimdi

ge re shou tao

izlietne

shui cao

birste

shua zi

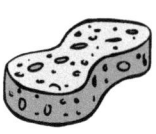

sūklis

hai mian

mikseris

jiao ban ji

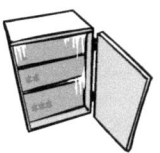

saldētava

leng cang xiang

bērna pudelīte

nai ping

ūdenskrāns

shui long tou

vannas istaba

yu shi

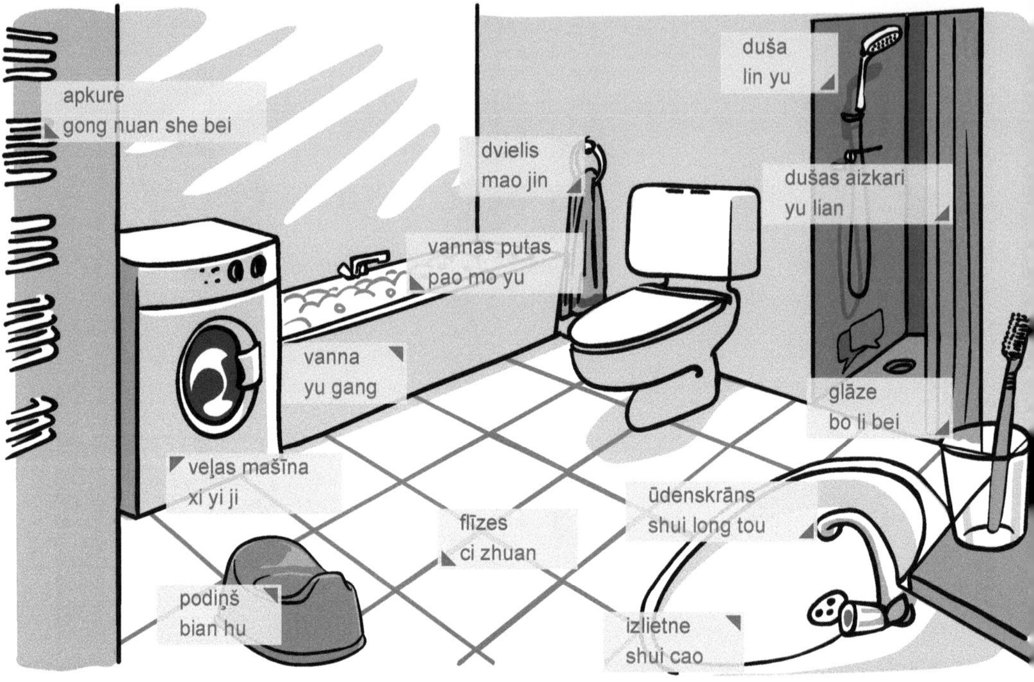

apkure
gong nuan she bei
dvielis
mao jin
duša
lin yu
dušas aizkari
yu lian
vannas putas
pao mo yu
vanna
yu gang
glāze
bo li bei
veļas mašīna
xi yi ji
ūdenskrāns
shui long tou
flīzes
ci zhuan
podiņš
bian hu
izlietne
shui cao

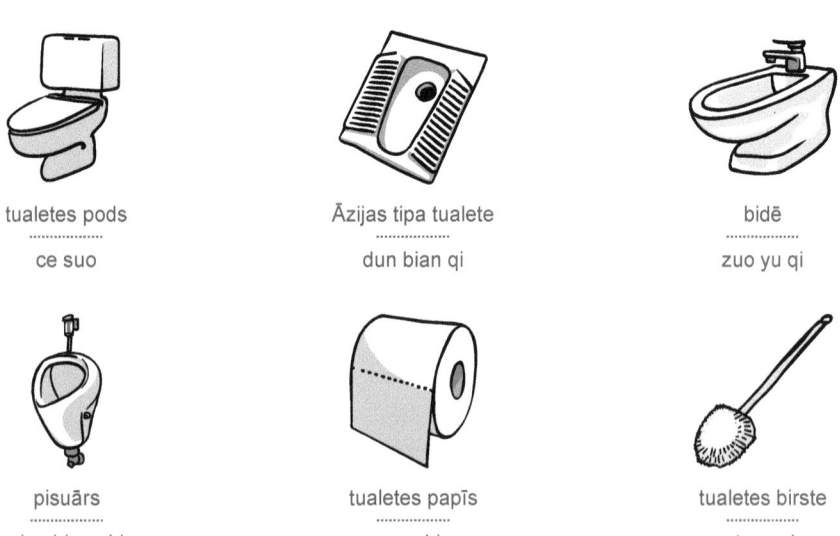

tualetes pods
ce suo

Āzijas tipa tualete
dun bian qi

bidē
zuo yu qi

pisuārs
xiao bian chi

tualetes papīs
ce zhi

tualetes birste
ma tong shua

zobu birste

ya shua

zobu pasta

ya gao

zobu diegs

ya xian

mazgāt

xi

rokas duša

shou chi shi pen lin tou

duša

chong xi qi

bļoda

xi lian pen

muguras mazgāšanas birste

ca bei shua

ziepes

fei zao

dušas želeja

mu yu lu

šampūns

xi fa shui

mazgāšanas drāna

fa lan rong

noteka

pai shui

krēms

ru shuang

dezodorants

chu chou ji

spogulis

jing zi

spogulītis

shou jing

skuveklis

ti xu dao

skūšanās putas

ti xu pao mo

losjons pēc skūšanās

xu hou shui

ķemme

shu zi

matu suka

shua zi

matu fēns

chui feng ji

matu laka

pen fa ding xing ji

grima komplekts

hua zhuang pin

lūpu krāsa

chun gao

nagulaka

zhi jia you

vate

hua zhuang mian

šķērītes

zhi jia jian

smaržas

xiang shui

kosmētikas maks

xi shu bao

ķeblītis

deng zi

svari

ji zhong cheng

halāts

yu pao

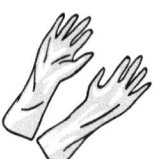

tīrīšanas cimdi

xiang jiao shou tao

tampons

wei sheng mian tiao

pakete

wei sheng jin

ķīmiskā tualete

hua xue ce suo

bērnu istaba

er tong fang

modinātājs
nao zhong
mīkstā rotaļlieta
mao rong wan ju
spēļu automašīna
wan ju che
grabulis
bo lang gu
leļļu māja
wan ju wu
dāvana
li wu

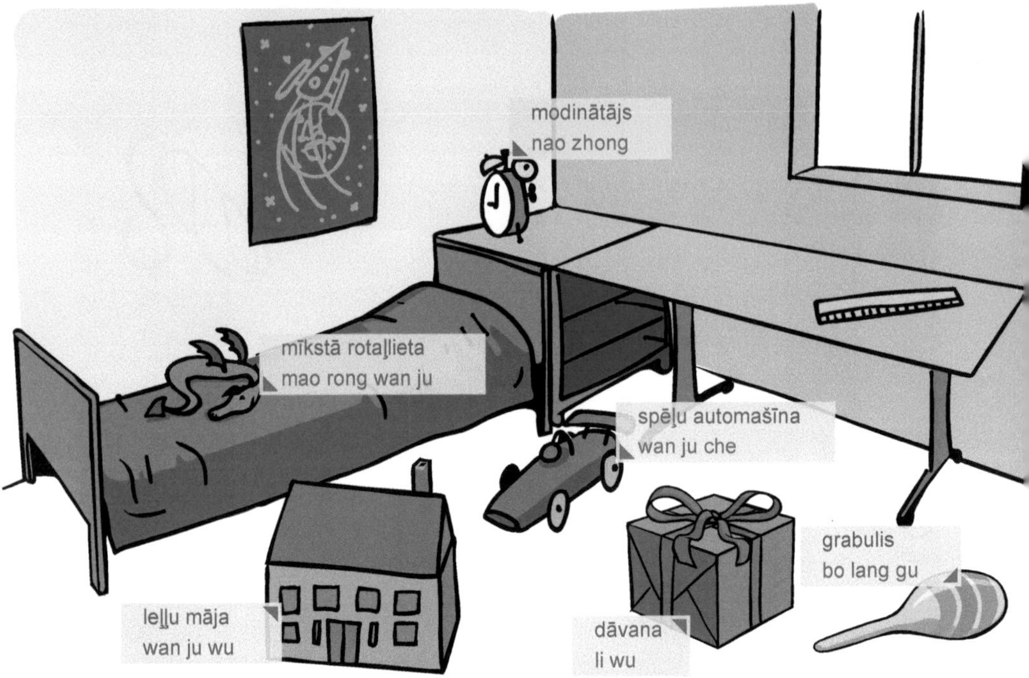

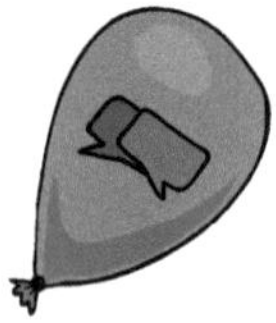

balons

qi qiu

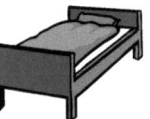

gulta

chuang

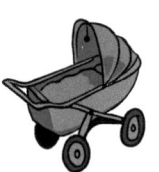

bērnu ratiņi

(yang wa wa yong)ying er che

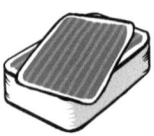

kārtis

pu ke pai

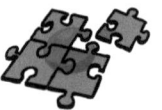

puzle

pin tu

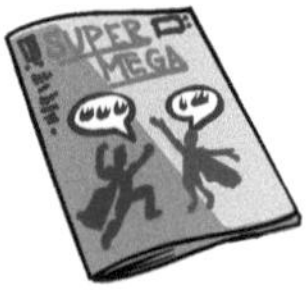

komikss

man hua

LEGO klucīši

le gao ji mu

klucīši

ji mu wan ju

varoņu figūra

wan ju ren

rāpulītis

ying er fu

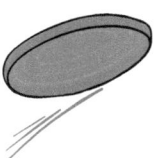

lidojošais šķīvītis

fei pan

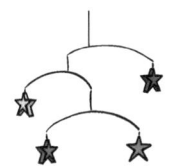

muzikālais karuselis

chuang ling wan ju

galda spēle

qi pan you xi

metamais kauliņš

shai zi

rotaļu dzelzceļš

huo che mo xing

māneklis

an fu nai zui

ballīte

ju hui

bilžu grāmata

hui ben

bumba

qiu

lelle

yang wa wa

spēlēt

wan

smilšu kaste

sha keng

šūpoles

qiu qian

rotaļlietas

wan ju

spēļu konsole

you xi ji

trīsritenis

san lun che

plīša lācītis

tai di xiong

drēbju skapis

yi chu

apģērbs

yi fu

īszeķes

wa zi

zeķes

chang wa

zeķbikses

jin shen ku

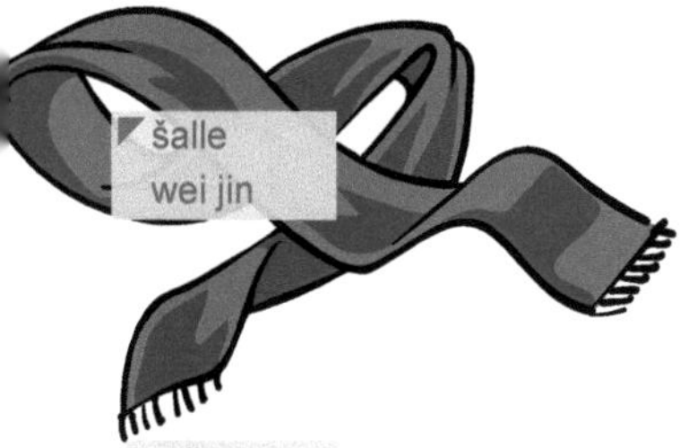

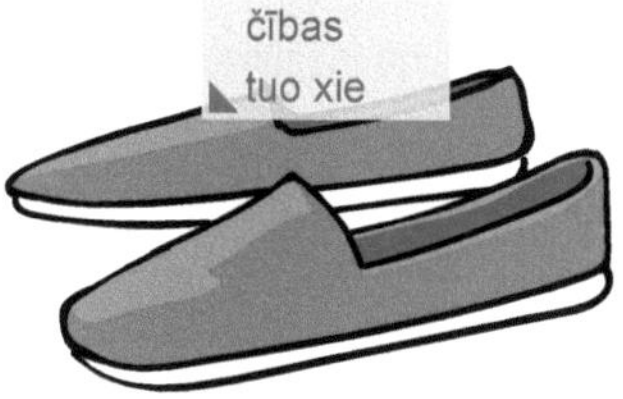

šalle
wei jin

siksna
pi dai

lietussargs
yu san

T-krekls
T xu

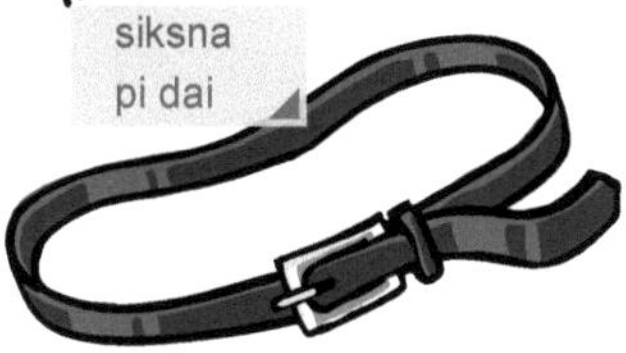

botas
yun dong xie

zābaks
xue zi

čības
tuo xie

sandales

liang xie

kurpes

xie

gumijas zābaki

yu xue

apakšbikses

nei ku

krūšturis

xiong zhao

apakškrekls

bei xin

apģērbs - yi fu

45

bodijs

shen ti

bikses

ku zi

džinsi

niu zai ku

svārki

duan qun

blūze

nü shi chen shan

krekls

chen shan

pulovers

tao tou shan

džemperis

wei yi

žakete

xi zhuang jia ke

jaka

jia ke

mētelis

wai tao

lietus mētelis

yu yi

kostīms

tao zhuang

kleita

lian yi qun

kāzu kleita

hun sha

uzvalks

xi zhuang

naktskrekls

shui pao

pidžama

shui yi

sari

sha li

lakats

tou jin

turbāns

bao tou jin

burka

bo ka

kaftāns

ka fu tan

abaja

(a la bo shi)chang pao

peldkostīms

yong yi

peldbikses

nan shi yong ku

šorti

duan ku

treniņtērps

yun dong fu

priekšauts

wei qun

cimdi

shou tao

poga

niu kou

brilles

yan jing

rokassprādze

shou lian

kaklarota

xiang lian

gredzens

jie zhi

auskars

er huan

cepure

bian mao

drēbju pakaramais

yi jia

platmale

mao zi

kaklasaite

ling dai

rāvējslēdzējs

la lian

ķivere

tou kui

bikšturi

bei dai

skolas forma

xiao fu

uniforma

zhi fu

priekšautiņš

wei dou

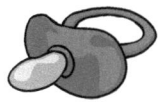

māneklis

an fu nai zui

autiņbiksītes

niao bu shi

birojs
ban gong shi

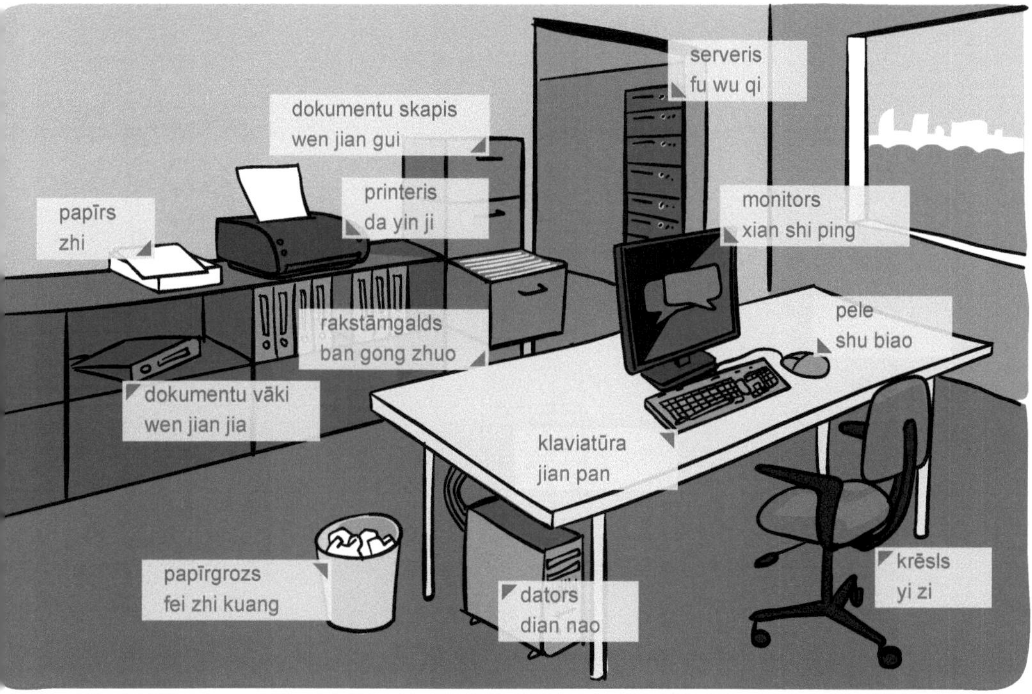

dokumentu skapis
wen jian gui

serveris
fu wu qi

printeris
da yin ji

monitors
xian shi ping

papīrs
zhi

rakstāmgalds
ban gong zhuo

pele
shu biao

dokumentu vāki
wen jian jia

klaviatūra
jian pan

papīrgrozs
fei zhi kuang

dators
dian nao

krēsls
yi zi

kafijas krūze

ka fei bei

kalkulators

ji suan qi

internets

yin te wang

portatīvais dators

bi ji ben dian nao

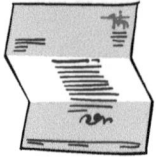

vēstule

xin jian

ziņa

xiao xi

mobilais tālrunis

shou ji

tīkls

wang luo

kopētājs

fu yin ji

programmatūra

ruan jian

telefons

dian hua

rozete

cha zuo

faksa aparāts

chuan zhen ji

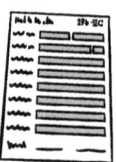

formulārs

biao ge

dokuments

wen jian

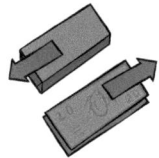

pirkt

mai

samaksāt

fu qian

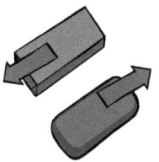

tirgot

jiao yi

nauda

xian jin

dolārs

mei yuan

eiro

ou yuan

jēna

ri yuan

rublis

lu bu

franks

rui shi fa lang

juaņa renminbi

ren min bi

rūpija

lu bi

bankomāts

ti kuan chu

valūtas maiņas punkts

wai bi dui huan chu

zelts

jin

sudrabs

yin

nafta

shi you

enerģija

neng yuan

cena

jia ge

līgums

he tong

nodoklis

shui jin

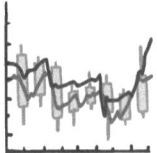

akcija

gu piao

strādāt

gong zuo

darbinieks

zhi yuan

darba devējs

lao ban

fabrika

gong chang

veikals

shang dian

policists
jing guan

ugunsdzēsējs
xiao fang yuan

pavārs
chu shi

ārsts
yi sheng

pilots
fei xing yuan

dārznieks

yuan ding

galdnieks

mu jiang

šuvēja

cai feng

tiesnesis

fa guan

ķīmiķis

hua xue jia

aktieris

yan yuan

autobusa vadītājs

gong jiao che si ji

taksometra vadītājs

chu zu che si ji

zvejnieks

yu fu

apkopēja

qing jie nü gong

jumiķis

wu ding gong

viesmīlis

fu wu yuan

mednieks

lie ren

gleznotājs

hua jia

maiznieks

mian bao shi

elektriķis

dian gong

celtnieks

jian zhu gong ren

inženieris

gong cheng shi

miesnieks

tu fu

skārdnieks

shui guan gong

pastnieks

you di yuan

karavīrs

shi bing

arhitekts

jian zhu shi

kasieris

shou yin yuan

florists

hua nong

frizieris

li fa shi

konduktors

shou piao yuan

mehāniķis

ji xie shi

kapteinis

chuan zhang

zobārsts

ya yi

zinātnieks

ke xue jia

rabīns

la bi

imāms

yi ma mu

mūks

he shang

mācītājs

mu shi

instrumenti

gong ju

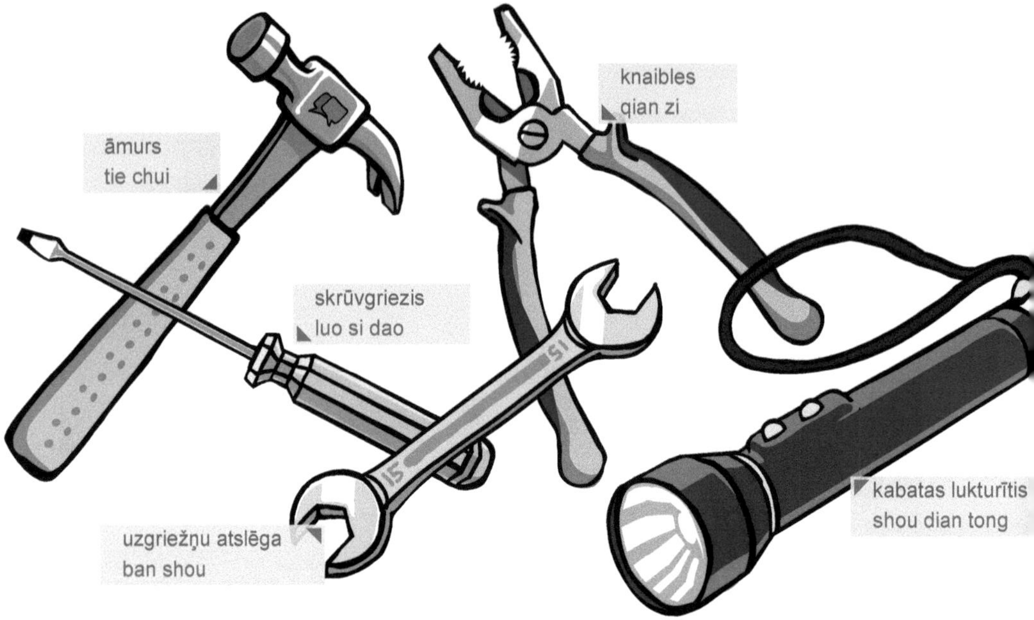

āmurs
tie chui
knaibles
qian zi
skrūvgriezis
luo si dao
uzgriežņu atslēga
ban shou
kabatas lukturītis
shou dian tong

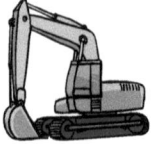

ekskavators

wa jue ji

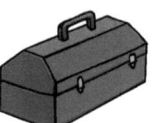

instrumentu kaste

gong ju xiang

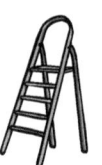

kāpnes

ti zi

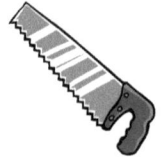

zāģis

ju zi

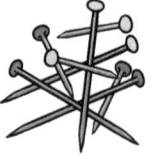

naglas

ding zi

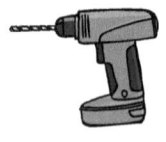

urbis

zuan ji

remontēt
xiu

lāpsta
chan zi

Velns!
kao!

liekšķere
bo ji

krāsas bundža
you qi tong

skrūves
luo si

mūzikas instrumenti
yue qi

bungas
da ji yue qi

skaļrunis
yang sheng qi

ģitāra
ji ta

kontrabass
di yin ti qin

trompete
xiao hao

klavieres

gang qin

vijole

xiao ti qin

bass

bei si

timpāni

ding yin gu

bungas

gu

digitālās klavieres

dian zi qin

saksofons

sa ke si guan

flauta

chang di

mikrofons

mai ke feng

zooloģiskais dārzs

dong wu yuan

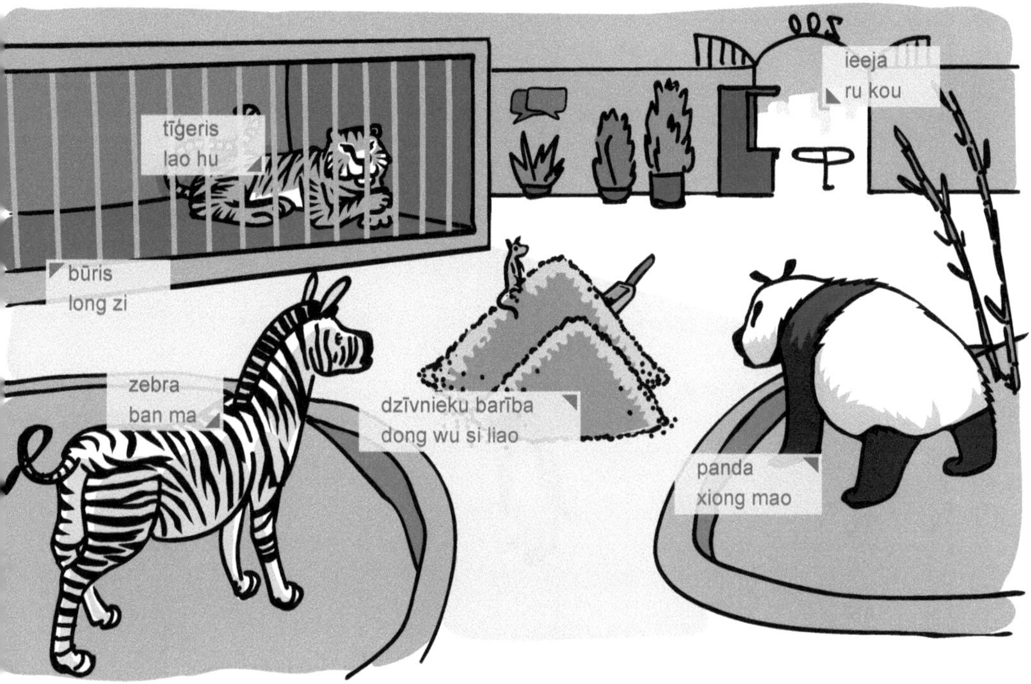

tīģeris
lao hu
ieeja
ru kou
būris
long zi
zebra
ban ma
dzīvnieku barība
dong wu si liao
panda
xiong mao

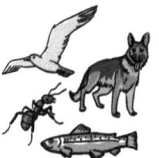

dzīvnieki
dong wu

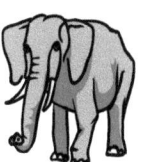

zilonis
da xiang

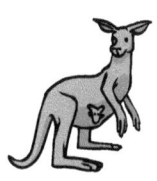

ķengurs
dai shu

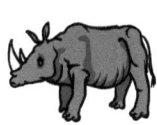

degunradzis
xi niu

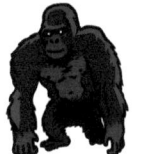

gorilla
da xing xing

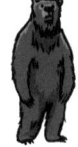

lācis
xiong

kamielis

luo tuo

strauss

tuo niao

lauva

shi zi

pērtiķis

hou zi

flamings

huo lie niao

papagailis

ying wu

polārlācis

bei ji xiong

pingvīns

qi e

haizivs

sha yu

pāvs

kong que

čūska

she

krokodils

e yu

zoodārza sargs

dong wu yuan guan li yuan

ronis

hai bao

jaguārs

mei zhou bao

ponijs

ai zhong ma

leopards

bao

nīlzirgs

he ma

žirafe

chang jing lu

ērglis

lao ying

meža cūka

ye zhu

zivs

yu

bruņurupucis

gui

valzirgs

hai xiang

lapsa

hu li

gazele

ling yang

amerikāņu futbols
gan lan qiu

riteņbraukšana
qi zi xing che

teniss
wang qiu

basketbols
lan qiu

peldēšana
you yong

bokss
quan ji

hokejs
bing qiu

futbols

ying shi zu qiu

badmintons

yu mao qiu

vieglatlētika

tian jing

rokas bumba

shou qiu

slēpošana

hua xue

polo

ma qiu

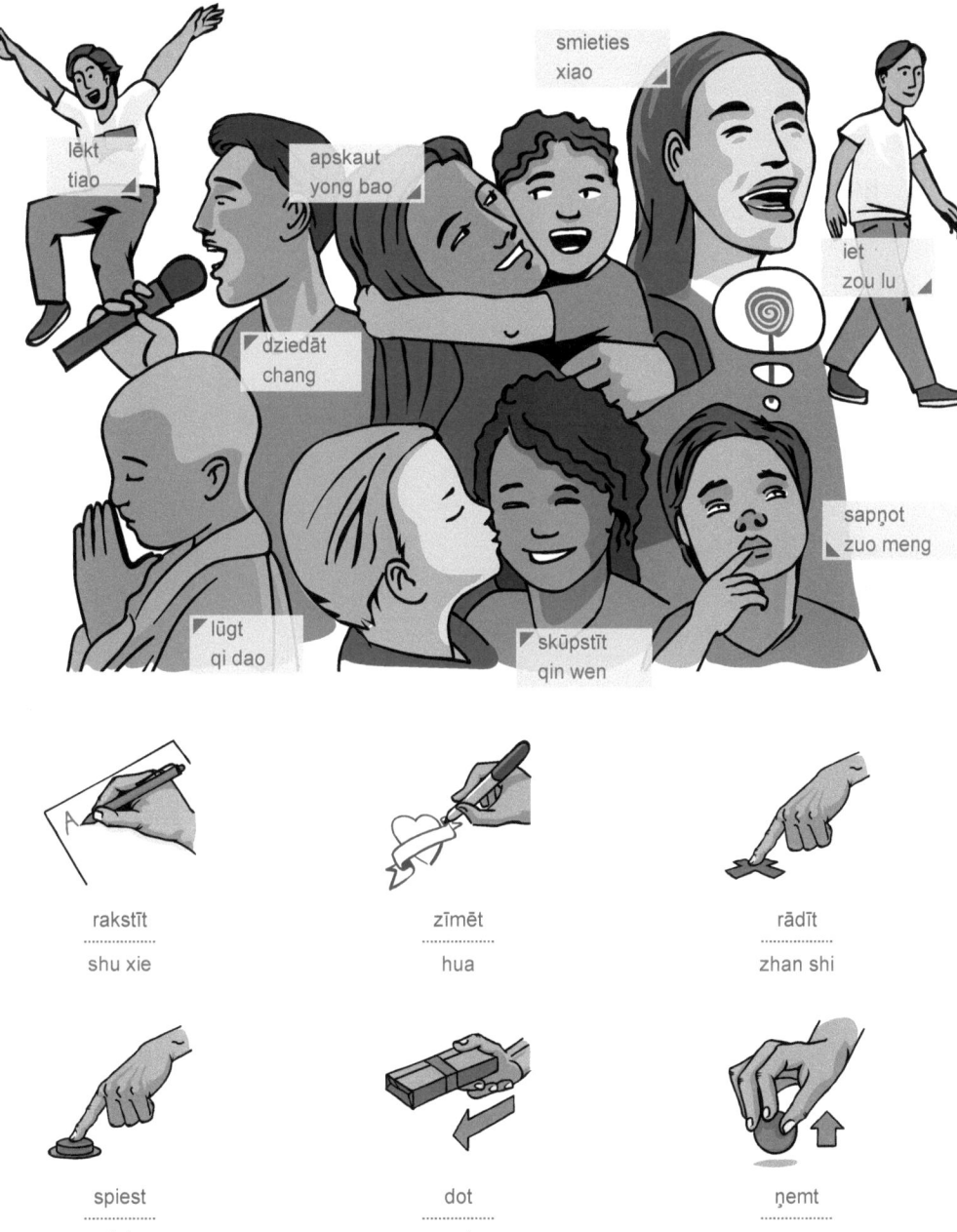

smieties
xiao

lēkt
tiao

apskaut
yong bao

iet
zou lu

dziedāt
chang

sapņot
zuo meng

lūgt
qi dao

skūpstīt
qin wen

rakstīt
shu xie

zīmēt
hua

rādīt
zhan shi

spiest
tui

dot
gei

ņemt
na

būt
you

darīt
zuo

būt
dang

stāvēt
zhan

skriet
pao

vilkt
la

mest
reng

krist
shuai dao

gulēt
tang

gaidīt
deng dai

nest
xie dai

sēdēt
zuo

uzģērbt
chuan yi

gulēt
shui jiao

pamosties
xing lai

skatīties

kan

raudāt

ku

glāstīt

fu mo

ķemmēt

shu tou

runāt

jiao tan

saprast

ming bai

jautāt

wen

dzirdēt

ting

dzert

he

ēst

chi

sakārtot

qing li

mīlēt

ai

vārīt

zuo fan

braukt

kai che

lidot

fei

burot

hang xing

rēķināt

ji suan

lasīt

du

mācīties

xue xi

strādāt

gong zuo

precēties

jie hun

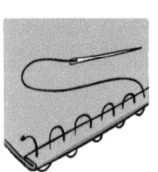

šūt

feng

tīrīt zobus

shua ya

nogalināt

sha

smēķēt

chou yan

sūtīt

ji

vecāmāte
zu mu

vectēvs
zu fu

tēvs
fu qin

māte
mu qin

mazulis
ying tong

meita
nü er

dēls
er zi

viesis

ke ren

tante

a yi

onkulis

shu shu

brālis

xiong di

māsa

jie mei

ķermenis

shen ti

piere
qian e
acs
yan jing
plecs
jian bang
pirksts
shou zhi
seja
lian
zods
xia ba
roka
shou
kāja
tui
krūtis
ru fang
roka
shou bi

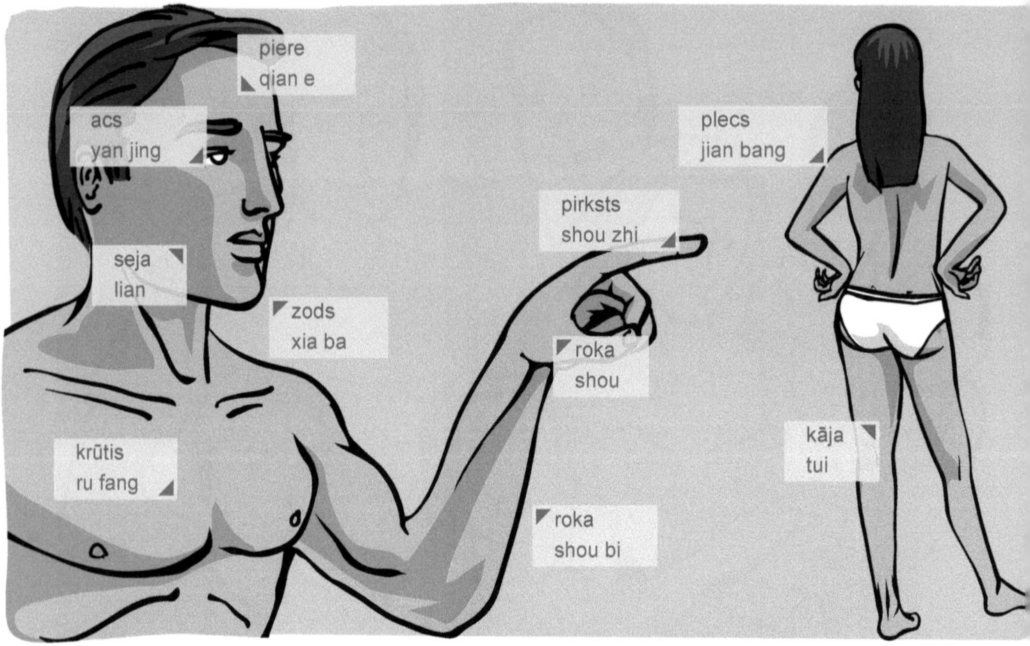

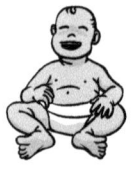

mazulis

ying tong

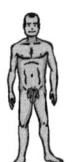

vīrietis

nan ren

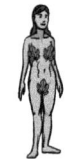

sieviete

nü ren

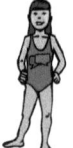

meitene

nü hai

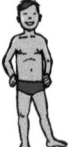

zēns

nan hai

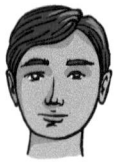

galva

tou

mugura

bei bu

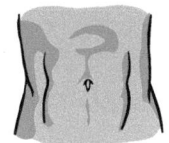

vēders

du zi

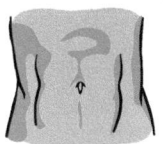

naba

du qi

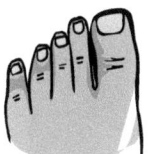

kājas pirksts

jiao zhi

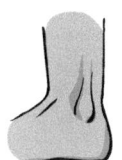

papēdis

jiao hou gen

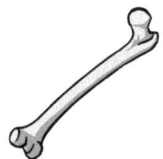

kauls

gu tou

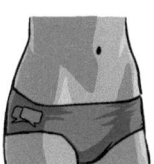

gurns

tun bu

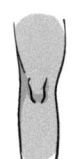

celis

xi gai

elkonis

shou zhou

deguns

bi zi

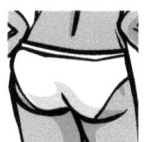

dibens

pi gu

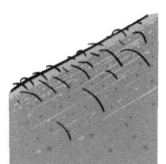

āda

pi fu

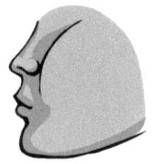

vaigs

lian jia

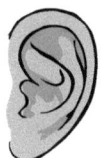

auss

er duo

lūpa

zui chun

mute
·················
zui

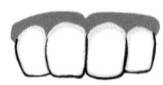

zobs
·················
ya chi

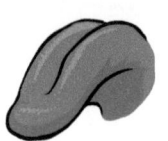

mēle
·················
she tou

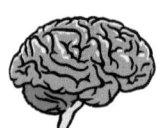

smadzenes
·················
nao

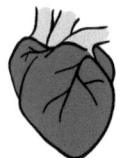

sirds
·················
xin zang

muskulis
·················
ji rou

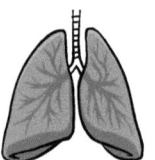

plaušas
·················
fei

aknas
·················
gan zang

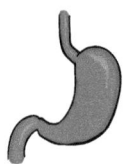

kuņģis
·················
wei

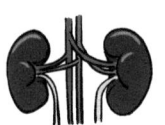

nieres
·················
shen zang

dzimumakts
·················
xing jiao

kondoms
·················
bi yun tao

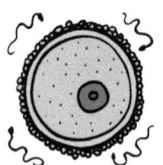

olšūna
·················
luan zi

sperma
·················
jing zi

grūtniecība
·················
huai yun

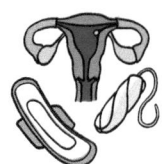

menstruācijas

yue jing

vagīna

yin dao

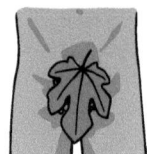

penis

yin jing

uzacs

mei mao

mati

tou fa

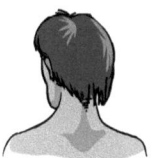

kakls

bo zi

slimnīca

yi yuan

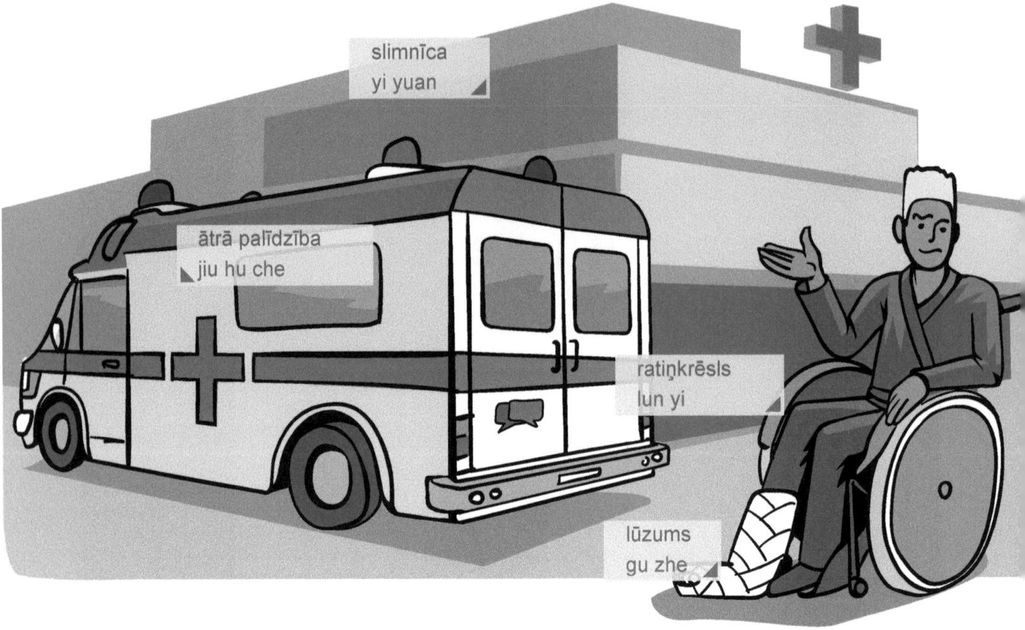

slimnīca
yi yuan
ātrā palīdzība
jiu hu che
ratiņkrēsls
lun yi
lūzums
gu zhe

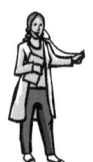

ārsts

yi sheng

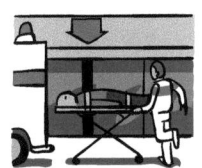

neatliekamās palīdzības nodaļa

ji zhen shi

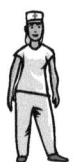

medmāsa

hu shi

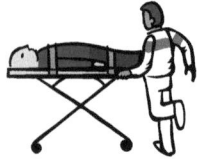

ārkārtas gadījums

jin ji qing kuang

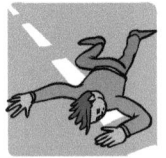

paģībis

hun mi

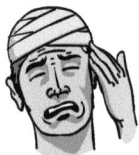

sāpes

tong

ievainojums

shou shang

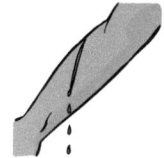

asiņošana

chu xue

sirdslēkme

xin zang bing fa zuo

insults

zhong feng

alerģija

guo min

klepus

ke sou

temperatūra

fa shao

gripa

liu gan

caureja

fu xie

galvassāpes

tou tong

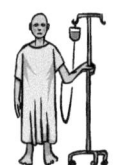

vēzis

ai zheng

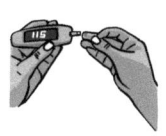

diabēts

tang niao bing

ķirurgs

wai ke yi sheng

skalpelis

shou shu dao

operācija

shou shu

datortomogrāfija

CT

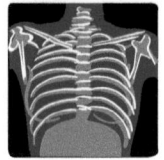

rentgents

X guang

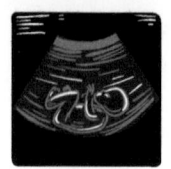

ultraskaņa

chao sheng bo

sejas maska

kou zhao

slimība

ji bing

uzgaidāmā telpa

hou zhen shi

kruķis

guai zhang

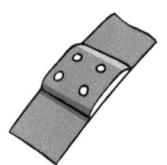

plāksteris

shi gao

apsējs

beng dai

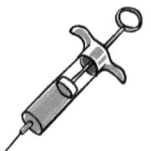

injekcija

zhu she

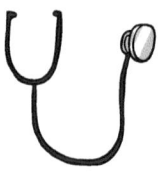

stetoskops

ting zhen qi

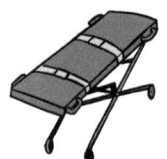

nestuves

dan jia

termometrs

ti wen ji

dzemdības

chu sheng

liekais svars

chao zhong

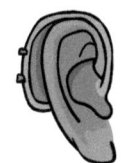

dzirdes aparāts

zhu ting qi

dezinfekcijas līdzeklis

xiao du ye

infekcija

gan ran

vīruss

bing du

HIV / AIDS

ai zi bing

zāles

yao wu

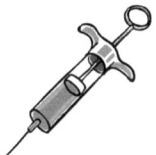

pote

jie zhong yi miao

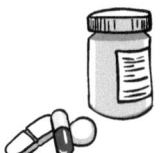

tabletes

yao pian

pretapaugļošanās tablete

yao wan

ārkārtas izsaukums

ji jiu dian hua

asinsspiediena mērītājs

xue ya ji

slims / vesels

sheng bing/jian kang

Palīgā!

jiu ming!

trauksme

jing bao

uzbrukums

tu ji

uzbrukums

gong ji

bīstamība

wei xian

avārijas izeja

jin ji chu kou

Uguns!

zhao huo la!

ugunsdzēšamais aparāts

mie huo qi

negadījums

yi wai

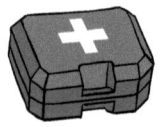

pirmās palīdzības aptieciņa

ji jiu xiang

SOS

hu jiu xin hao

policija

jing cha

Eiropa

ou zhou

Ziemeļamerika

bei mei zhou

Dienvidamerika

nan mei zhou

Āfrika

fei zhou

Āzija

ya zhou

Austrālija

ao zhou

Atlantijas okeāns

da xi yang

Klusais okeāns

tai ping yang

Indijas okeāns

yin du yang

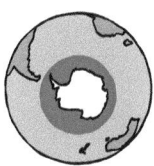

Dienvidu okeāns

nan bing yang

Ziemeļu ledus okeāns

bei bing yang

Ziemeļpols

bei ji

Dienvidpols

nan ji

Antarktika

nan ji zhou

zeme

di qiu

zeme

lu di

jūra

hai

sala

dao

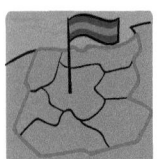

nācija

guo jia

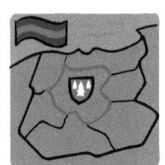

valsts

guo jia

ciparnīca

zhong mian

stundu rādītājs

shi zhen

minūšu rādītājs

fen zhen

sekunžu rādītājs

miao zhen

Cik ir pulkstenis?

xian zai ji dian?

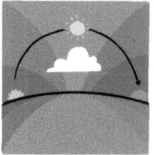

diena

tian

laiks

shi jian

tagad

xian zai

digitālais pulkstenis

dian zi biao

minūte

fen

stunda

shi

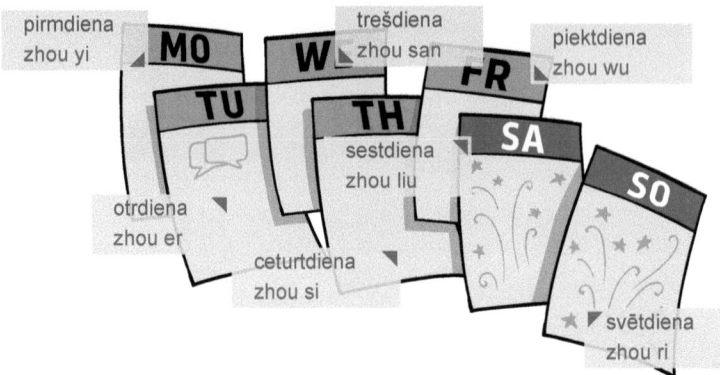

pirmdiena
zhou yi

trešdiena
zhou san

piektdiena
zhou wu

otrdiena
zhou er

sestdiena
zhou liu

ceturtdiena
zhou si

svētdiena
zhou ri

vakardien
zuo tian

šodien
jin tian

rītdien
ming tian

rīts
zao chen

pusdienlaiks
zhong wu

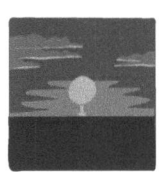

vakars
wan shang

darbadienas
gong zuo ri

brīvdienas
zhou mo

gads

nian

lietus
yu
varavīksne
cai hong
sniegs
xue
vējš
feng
pavasaris
chun
rudens
qiu
vasara
xia
ziema
dong

4.APRIL 11°
5.APRIL 4°
6.APRIL 13°
7.APRIL 8°
8.APRIL 10°

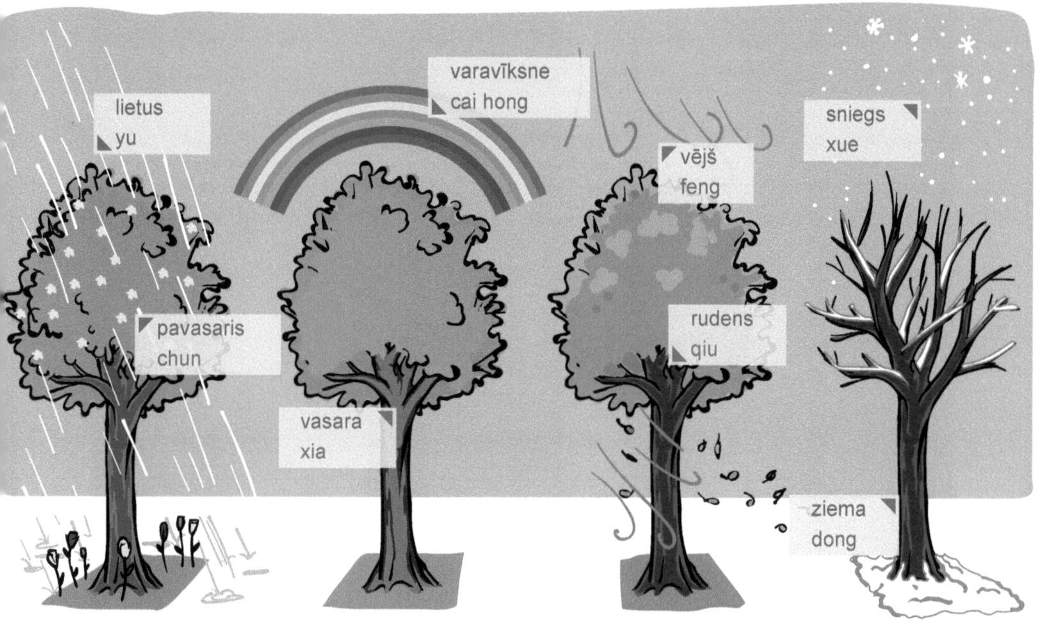

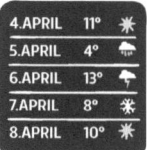

laika prognoze

tian qi yu bao

F C
120 90 60 30 0 -30
40 30 20 10 0 -10 -20

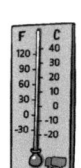

termometrs

wen du ji

saules gaisma

yang guang

mākonis

yun

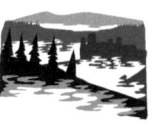

migla

wu

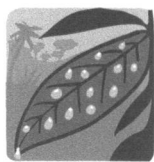

gaisa mitrums

chao shi

zibens

shan dian

pērkons

da lei

vētra

feng bao

krusa

bing bao

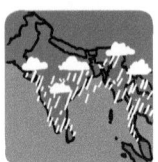

musons

ji feng

plūdi

hong shui

ledus

bing

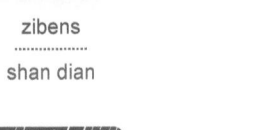

janvāris

yi yue

februāris

er yue

marts

san yue

aprīlis

si yue

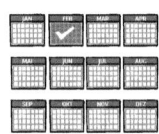

maijs

wu yue

jūnijs

liu yue

jūlijs

qi yue

augusts

ba yue

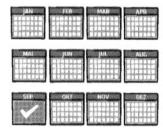

septembris

jiu yue

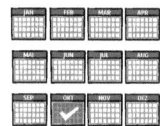

oktobris

shi yue

novembris

shi yi yue

decembris

shi er yue

aplis

yuan xing

kvadrāts

zheng fang xing

četrstūris

chang fang xing

trīsstūris

san jiao xing

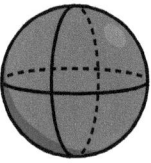

lode

qiu ti

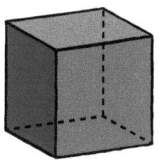

kubs

li fang ti

balts

bai

dzeltens

huang

oranžs

cheng

sārts

fen

sarkans

hong

lillā

zi

zils

lan

zaļš

lü

brūns

zong

pelēks

hui

melns

hei

daudz / maz

hen duo/shao xu

saniknots / miermīlīgs

sheng qi/ping jing

skaists / neglīts

mei/chou

sākums / beigas

shou/wei

liels / mazs

da/xiao

gaišs / tumšs

ming/an

brālis / māsa

xiong di/jie mei

tīrs / netīrs

gan jing/ang zang

pilnīgs / nepilnīgs

wan zheng/que shi

diena / nakts

bai tian/wan shang

miris / dzīvs

si/sheng

plats / šaurs

kuan/zhai

baudāms / nebaudāms

ke shi yong/fei shi yong

nikns / laipns

xie e/shan liang

satraukts / garlaikots

xing fen/wu liao

resns / tievs

pang/shou

pirmais /pēdējais

di yi/zui hou

draugs / ienaidnieks

peng you/di ren

pilns / tukšs

man/kong

ciets / mīksts

ying/ruan

smags / viegls

zhong/qing

izsalkums / slāpes

e/ke

slims / vesels

sheng bing/jian kang

nelegāls / legāls

fei fa/he fa

inteliģents / dumjš

cong ming/yu ben

kreisais / labais

zuo/you

tuvu / tālu

jin/yuan

jauns / lietots

xin/jiu

nekas / kaut kas

mei you/you xie

vecs / jauns

lao/you

ieslēgts / izslēgts

kai/guan

atvērts / slēgts

da kai/he shang

kluss / skaļš

an jing/chao nao

bagāts / nabags

fu/qiong

pareizi / nepareizi

dui/cuo

raupjš / gluds

cu cao/guang hua

noskumis / laimīgs

shang xin/gao xing

īss / garš

duan/chang

lēns / ātrs

man/kuai

slapjš / sauss

shi/gan

silts / vēss

wen nuan/liang shuang

karš / miers

zhan zheng/he ping

0

nulle

ling

1

viens

yi

2

divi

er

3

trīs

san

4

četri

si

5

pieci

wu

6

seši

liu

7

septiņi

qi

8

astoņi

ba

9

deviņi

jiu

10

desmit

shi

11

vienpadsmit

shi yi

12

divpadsmit

shi er

13

trīspadsmit

shi san

14

četrpadsmit

shi si

15

piecpadsmit

shi wu

16

sešpadsmit

shi liu

17

septiņpadsmit

shi qi

18

astoņpadsmit

shi ba

19

deviņpadsmit

shi jiu

20

divdesmit

er shi

100

simts

bai

1.000

tūkstotis

qian

1.000.000

miljons

bai wan

anglu

ying yu

amerikāņu anglu

mei shi ying yu

ķīniešu mandarīnu valoda

pu tong hua

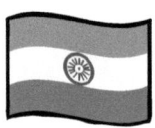

hindi

yin di yu

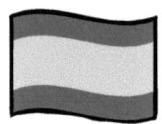

spāņu

xi ban ya yu

franču

fa yu

arābu

a la bo yu

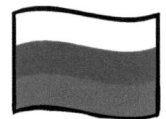

krievu

e yu

portugāļu

pu tao ya yu

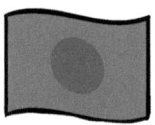

bengāļu

feng jia la yu

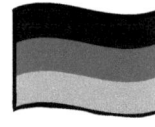

vācu

de yu

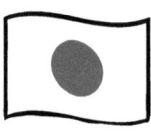

japāņu

ri yu

es
wo

tu
ni

viņš / viņa
ta/ta/ta

mēs
wo men

jūs
ni men

viņi / viņas
ta men

kas?
shei?

ko?
shen me?

kā?
zen yang?

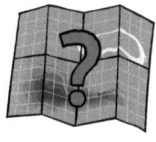

kur?
na li?

kad?
shen me shi hou?

vārds
ming zi

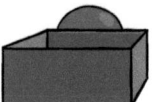

aiz

hou mian

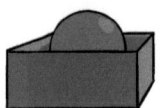

iekšā

li mian

priekšā

qian mian

virs

shang fang

uz

shang mian

zem

xia mian

blakus

pang bian

starp

zhong jian

vieta

di dian